Quelle meiner Gedanken
Band I

Widmung

Dieses Buch ist folgenden Personen in großer Dankbarkeit gewidmet:

Thamy Stöhr,
die mich unbewusst inspiriert hat, neu mit dem Schreiben von Texten zu beginnen.
(http://thamysworldofminds.blogspot.de)

Meiner Kollegin
Sylvia M. Hache-Niedecker,
die mich immer wieder ermunterte, meine Texte in einem Buch zu veröffentlichen. Ohne sie wäre dieses Buch vermutlich nie Wirklichkeit geworden.
http://www.manipuradantian.com/

Gabriele Helmig,
die sich spontan bereit erklärte dieses Buch Korrektur zu lesen.

Meiner Frau Doris,
die die Endkontrolle des Buches durchgeführt hat.

Meiner Familie,
die es nicht immer leicht mit mir hat.

Allen,
die mich in irgendeiner Form ermutigten und moralisch unterstützten.

Und natürlich Dir
liebe Leserin und lieber Leser.

Jörn Schimmelmann

Jörn Schimmelmann

Quelle meiner Gedanken
Band I
Gedichte und Zitate

Bibliografische Information der Deutschen Nationalbibliothek:
Die Deutsche Nationalbibliothek verzeichnet diese Publikation in der Deutschen
Nationalbibliografie; detaillierte bibliografische Daten sind im Internet über
http://dnb.d-nb.de abrufbar.

Texte, Fotos und Layout: Jörn Schimmelmann
www.quellemeinergedanken.de

© 2017

Herstellung und Verlag: BoD - BoD - Books on Demand, Norderstedt

ISBN: 9783743109667

Inhaltsverzeichnis

Widmung	2
Vorwort	7
Zu diesem Buch	8
Brunnenquelle	9
Lebensquelle	11
Schöner Tag	13
Schmetterling	15
Neues Leben	17
Aufblühen	19
Geboren zu neuem Leben	21
Die Knospe	23
Löwenzahn	25
Mauerblümchen	27
Ich stehe zu mir	27
Lebenskreise	29
Lebensraum	29
Lebensbahn	29
Schlüsselblume	31
Zartes Pflänzchen	33
Ich bin	35
Ich bin ich	37
Clownsmaske	39
Veränderungen	41
Gefühle teilen	43
Komm mein Freund	45
Begegnung	47
Leise Töne	49
Hallo, wie geht's	51
Lass doch nicht zu	53
Lebensspuren	55
Gefangen in mir selbst	57
Vergittert und gefangen	59
Ich lebe	61
Ein kleines Stück Weg	63
Momentaufnahme	65
Worte	67

Mörderzaun	69
Chaos in meinem Kopf	73
Unbekanntes Land	75
Nicht Opfer sein	77
Aus der Bahn geworfen	79
Schattengesicht	81
Licht und Schatten	83
Spuren	85
Dunkle Wolken	87
Sichtweise	89
Die Lücke im Zaun	91
Am Ende des Tunnels	93
Die Treppe	95
Ich gehe weiter	97
Nebelwand	99
Trotziger Apfel	101
Die alte Jacke	103
Schlaflos	105
Abendstille	107
Hoffnungsschimmer	109
Am Ende des Tages	111
Über den Autor	112

Vorwort

"Quelle meiner Gedanken" ist nicht nur der Titel dieses Buchs, sondern beschreibt sehr gut meine Tätigkeit als Dichter, Liedermacher und Autor. Somit ist der Buchtitel mittlerweile zum Motto meiner kreativen Tätigkeiten geworden.
Selten setze ich mich zu bestimmten Zeiten an den Schreibtisch um zu schreiben.
Es sind eher Momentaufnahmen und Stimmungen die mich zum Schreiben bewegen. Meine Texte entspringen wie das Wasser einer Quelle aus mir heraus.
Die Gedichte und Liedtexte in diesem Buch handeln vom Leben, seinen Brüchen und neuer Hoffnung, wie es eine Pfarrerin im Jahr 2013 liebevoll formulierte. Treffender kann man es nicht ausdrücken.
In diesem Buch verwende ich bewusst Schwarzweiß-Fotos, die ähnlich meinen Texten Momentaufnahmen sind und das geschriebene Wort visuell verstärken.

Jörn Schimmelmann

Zu diesem Buch

Von Sylvia M. Hache-Niedecker

Als mich mein Freund, Geschäftskollege und inzwischen einer der engsten Vertrauten meines Umfelds, Jörn Schimmelmann, fragte, ob ich dazu bereit wäre einen Text zu seinem Buch „Quelle meiner Gedanken" zu schreiben, verschlug es mir vor Ehrfurcht die Sprache. Denn, nach nun mehr einem Jahr gemeinsamen Wirkens, bin ich mir nicht nur darüber bewusst, welch emphatischen und sensitiven Charaktereigenschaften in ihm stecken, sondern ebenfalls und gleichwohl das Herz des Künstlers als Texter von Versen, Gedichten und Lieder sowie Sänger und Musiker seiner teils eigenen Werke in ihm schlägt. Was „Quelle meiner Gedanken" ausgesprochen ausmacht ist die Authentizität, die sich Jörn hier beibehält. Diejenigen, die ihn kennen, werden seine unverwechselbare Spontanität, seine intuitive Wahrnehmung und den oft blitzschnellen Gedankengang der Umsetzung herausspüren. Das Buch verkörpert gerade dadurch noch wesentlich mehr Emotionen als eventuell von Jörn beabsichtigt, macht es gehalt- und wertvoller.

Dieses Buch ist Jörn wie wir ihn kennen, respektieren, akzeptieren, tolerieren, achten und schätzen. Der Jörn, deruns hoffentlich noch mit vielen weiteren und traumhaften eigenen oder anderen Interpretationen begeistern wird und dem ich persönlich für sein weiteres Wirken von ganzem Herzen Erfolg, Kraft und weitere wunderbare Inspirationen wünsche.

Herzlichst mein lieber Jörn
Deine Sylvie

Brunnenquelle

Unaufhaltsam
fließt dein Lebenssaft,
kraftvoll, sprudelnd
aus tiefem Grund.

Kühl, rein und klar.

Woher nimmst du
diese unaufhaltsame Kraft?

Ich schöpfe
aus diesem lebenspendenden Saft.
Tauche
meine Hand tief hinein.
Benetze
meine Lippen.

Kühl durchflutet mich
deine Kraft.

Lebensquelle

Manchmal fühle ich mich,
als sei meine Lebensquelle versiegt.
Wo ist meine Lebenskraft,
wo ist das was mich stärkte,
wo ist meine Hoffnung geblieben?

Doch wenn ich genauer
in mich hinein höre,
ist da etwas das hinaus will.
Es möchte sprudeln, mit aller Kraft.
Will sich Bahn brechen.

Jetzt sehe ich den Pfropfen,
der den Fluss meiner Lebensquelle versperrt.
Die Verletzungen in meinem Leben
halten den Fluss meiner Lebensquelle auf,
versperren ihr den Weg.

Ich spüre ein leichtes Sprudeln in mir,
spüre ich wie sich meine Lebensquelle
neue Bahn brechen will.
Langsam, stetig mit sanfter Gewalt
bahnt sie sich ihren Weg.

Spürst du es auch?

Schöner Tag

Ich bin grad eben aufgewacht,
ich öffne meine Augen,
ein Sonnenstrahl blickt leise
durch mein Fenster.
Ich recke und ich strecke mich
noch einmal, um dann aufzustehn
und ich denk: Wie ist das Leben schön!

Schöner Tag, wie ich das mag,
auf diese Weise aufzustehn
um mein Tagwerk zu beginnen.
Schöner Tag, wie ich das mag,
wie gut. dass nach einer langen Nacht
ein neuer Morgen folgt.

Die Sonne, die mich aufgeweckt,
ist ein Symbol für mich,
für Gottes Wärme hier in meinem Leben.
Auch wenn es draußen dunkel ist,
scheint seine Sonne weiter
und sagt zu mir: Ich bin bei dir mein Kind!

Schöner Tag, wie ich das mag,
auf diese Weise aufzustehn
um mein Tagwerk zu beginnen.
Schöner Tag, wie ich das mag,
wie gut. dass nach einer langen Nacht
ein neuer Morgen folgt.

Schmetterling

Manchmal wünschte ich mir
ein Schmetterling zu sein.

Mit Leichtigkeit
und schwungvollem Flügelschlag,
die Welt von oben sehen.
Alles aus einer anderen
Perspektive zu betrachten.

Manches verliert an Bedeutung,
manches gewinnt an Bedeutung.

Manchmal wünschte ich mir
ein Schmetterling zu sein.

Neues Leben

Tot geglaubt!

Doch jetzt
sprießt das neue Leben heraus.
Kraftvolles Grün
sucht das Licht der Sonne.
Eine ungeahnte Kraft
bricht hervor.

Verloren geglaubtes Leben,
verborgen in dürrem Geäst,
erwacht zu neuem Leben!

Aufblühen

Ich blühe auf
und lasse den Seelenwinter
hinter mir,
spüre wie sich Wärme
in mir ausbreitet!

Geboren zu neuem Leben

Zart, fast unsichtbar, bahnt es sich seinen Weg.
Klein, zart, zerbrechlich und doch so stark.
Der lange Winter hat ihm zugesetzt.
Unbeirrbar schiebt es sich voran,
das kleine Pflänzchen.

Noch sieht man nur eine kleine Spitze
aus dem kargen Boden lugen.
Noch kann man nur erahnen
welche Schönheit sich dahinter verbirgt.

Doch schon bald wird es sichtbar.
Schon bald entfaltet es sich zur vollen Blüte.
Aus dem zarten Pflänzchen
wird eine wunderschöne Blume.

Sie wird sich verzehren,
wird wieder vergehen,
um von neuem geboren zu werden,
zu neuem Leben

Die Knospe

Sie behütet und bewahrt
einen wunderbaren Schatz.

Verborgen im Schutz ihrer Blätter
entfaltet sich seine Schönheit,
der sich
zum richtigen Zeitpunkt
explosionsartig
aus dieser Geborgenheit befreit
um uns zu erfreuen.

So gibt es manches
das wir übersehen,
weil es vor unseren Augen
noch verborgen ist.

Löwenzahn

Du stehst für Stärke,
weil selbst eine dicke Asphaltdecke
dich nicht aufhalten kann.

Du stehst für Leichtigkeit,
weil deine Blüten
nach dem Aufblühen
mit dem Wind davon segeln.

Du stehst für Leben,
weil überall wo du landest, neues
Leben aufblüht.

Mauerblümchen

Mauerblümchen,
oft unterschätzt,
belächelt,
übersehen
und doch
prachtvoll aufgeblüht!

Mit deinen kräftigen Wurzeln
findest du den nötigen Halt
und erfreust mich
mit deiner Schönheit.

Ich stehe zu mir

Es ist nicht wichtig
was andere von mir denken.
Wichtig ist,
was ich selbst von mir denke
und dass ich zu mir stehe.

Lebenskreise

Leben zieht Kreise,
jedes auf seine Weise.

Manchmal
überschneiden sich Kreise,
auf der Lebensreise.

Lebensraum

Leben braucht Raum,
um sich entfalten zu können!

Lebensbahn

Leben bahnt sich seinen Weg!

Schlüsselblume

Nun blüht sie wieder!
Ist aus dem Winterschlaf erwacht.

Welche Tür wird sie mir öffnen?
Was wird mich dahinter erwarten?

Voller Vorfreude und Erwartung
trete ich ein...

Zartes Pflänzchen

Das Leben
ist ein zartes Pflänzchen,
das gehegt und gepflegt
werden will!

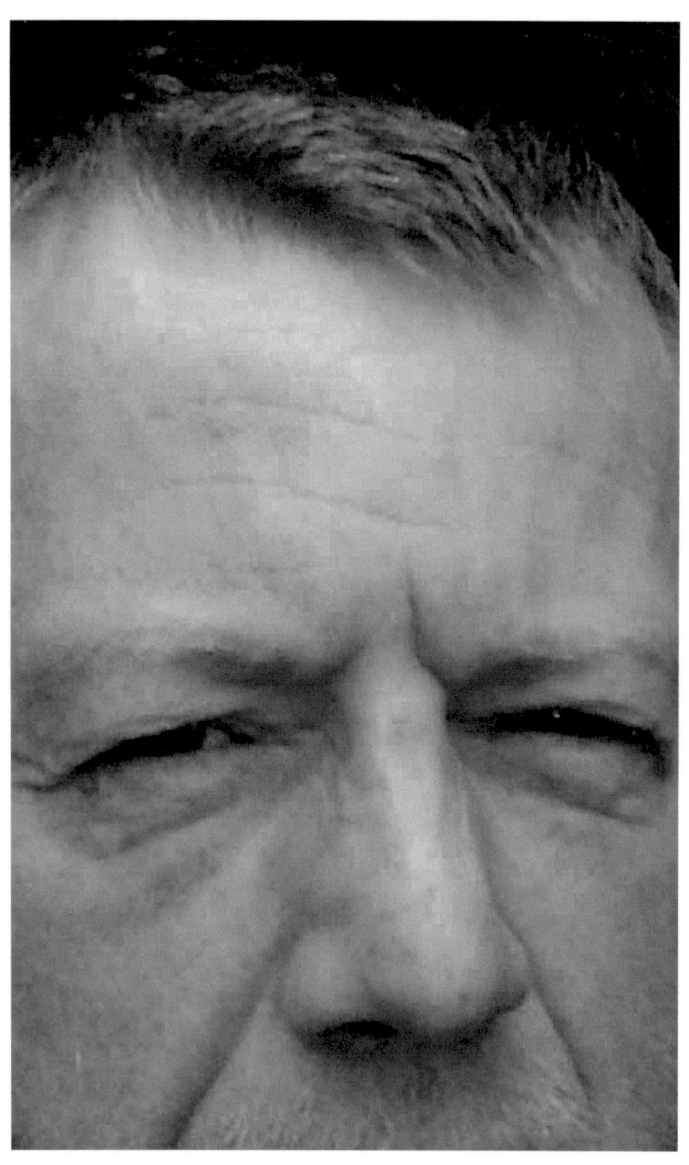

Ich bin

Ich bin ein Mann!
Ich habe Gefühle,
ich weine manchmal,
es gibt Filme,
die rühren mich zu Tränen,
ich bin romantisch,
ich bin nachdenklich.

Ich bin ein Mann!
Bin ich ein Mann?

Die Gesellschaft
hat Vorstellungen
wie ich zu sein habe.
Die Gesellschaft
hat ein Bild von mir.
Die Gesellschaft
glaubt zu wissen,
wer ich bin.
Die Gesellschaft
urteilt über mich.
Die Gesellschaft
meint zu wissen,
was gut für mich ist.

Ich bin!
Bin ich?

Ich bin ich

Ich bin ich,
wurde geboren
mit Eigenschaften,
Charakter und Seele.

Ich bin ich,
wurde geprägt, geformt
und manchmal verbogen.

Ich bin ich,
nicht immer
möchte ich sein
was ich bin.

Ich bin ich,
habe meinen Platz
in dieser Welt.

Ich bin ich
und genau das
werde ich immer sein!

Clownsmaske

Manchmal spiele ich
den Clown,
bringe andere zum Lachen,
obwohl mir eher
zum Weinen zumute ist.

Ist das Stärke?
Ist das Schwäche?

Ich weiß es nicht.
Ich weiß nur das Eine:
meine Maske
setze ich nun ab
und stehe
zu meinen Gefühlen!

Veränderungen

„Wo gehobelt wird fallen Späne!",
sagt der Volksmund.

Wenn ich an meinem Leben arbeite,
mein Leben aufarbeite,
ist es ähnlich.

Manchmal fallen Späne
und es entsteht etwas Neues.
Altes fällt, Neues formt sich.

Es geht um Veränderungen!
Und Veränderungen können durchaus
Schmerzen bereiten.

Zeitweise ist es vielleicht sogar unangenehm.
Doch am Ende wird
etwas Gutes dabei heraus kommen.

Gefühle teilen

Ich möchte meine Gefühle nicht verbergen,
ich möchte meine Gefühle mit dir teilen.

Ich möchte für dich nicht nur stark sein,
ich wünsche, dass wir uns gegenseitig stärken.

Ich möchte nicht nur für dich lächeln
und meine Tränen verbergen,
sondern ich möchte mit dir lachen und weinen.

So können wir beide füreinander stark sein!
So können wir beide glückliche Momente erleben.

Das ist wahres Füreinander,
das zeichnet gegenseitiges,
menschliches Miteinander aus.

Das ist wahre Gemeinschaft!

Komm mein Freund

Komm mein Freund, du siehst müde aus.
Setz dich zu mir und erzähle mir von dir.

Ich höre dir gerne zu.
Ich interessiere mich für dich.

Hörst du auch so oft:
"Stell dich nicht so an!",
"Kopf hoch!",
"Das Leben geht weiter!",
und, und, und...
Haben dich diese Worte
nicht schon so oft verletzt?
Fühlst du dich unverstanden?

Komm mein Freund, du siehst müde aus.
Setz dich zu mir und erzähle mir von dir.

Begegnung

Wie aus heiterem Himmel,
ungeplant,
nicht danach gesucht,
nicht damit gerechnet,
genau zum richtigen Moment.

Plötzlich ist der da,
der Mensch,
der dir die Hand reicht,
der Mensch,
der dir sagt:
Du bist wertvoll,
du bist richtig!

Es gibt nicht viele davon.
Doch im richtigen Moment
trefft ihr zusammen.
Keine Erklärung nötig,
keine Rechtfertigungen.

Ein Engel?
Ein Engel!

Leise Töne

Tschernobyl vor vielen Jahren,
hatte man nicht auf die Gefahren
vorsichtig hingewiesen und gemahnt.
Doch keiner wollte das hören.
Niemand sollte stören.
Und doch hatte jeder es geahnt.

Er sprach damals ziemlich leise,
auf seine ihm angeborene Weise,
von seinem Wunsch tot zu sein.
Er hatte den Mut verloren,
wusste nicht mehr warum er geboren,
fühlte sich hilflos und allein.

Leise Töne sind nicht mehr gefragt.
Wer hört schon auf das was man leise sagt?
Nur die Krachmacher kommen scheinbar ans Ziel.
Dabei ist ihr Lärm nur Unsicherheit.
Sie meinen wer "in" sein will in dieser Zeit,
der muss einfach nur laut sein und schrill.

Leise Töne in unseren Tagen,
könnten uns so vieles sagen.
Leise Töne, wie aus Kindermund,
tun uns oft die Wahrheit kund.
Doch nicht immer hören wir auf sie.
Leise Töne hört man selten oder nie.

Hallo, wie geht's

Gestern, da traf ich ihn, er kam direkt auf mich zu.
Er hob seine Hand und er sagte zu mir:
"Hallo, wie geht's dir mein Freund?".
Doch bevor ich etwas sagen konnte
war er auch schon vorbei.

Ich hätte ihm so gern gesagt, wie ich mich fühl,
was mich bewegt und was mich umhertreibt,
doch es schien ihn nicht zu interessieren.
Warum hat er mich
überhaupt gefragt.

Wenn du mich fragst wie es mir geht,
dann brauchst du schon ein wenig Zeit.
Wenn du mich fragst, wie es mir geht,
reicht eben nicht nur ein Wort.

Und doch, auch mir geht es so,
ich ertappe mich oft dabei
wie ich selbst diese Frage stelle,
ohne auf eine Antwort zu warten.
Und dann nehme ich mir vor,
Zeit zu haben, um dem Andern zuzuhören.

Wenn du mich fragst, wie es mir geht,
dann brauchst du schon ein wenig Zeit.
Wenn du mich fragst, wie es mir geht,
reicht eben nicht nur ein Wort.

Lass doch nicht zu

Wir lachen und scherzen und sind guter Dinge,
die Stimmung ist phänomenal.
Nichts und niemand kann uns aus der Ruhe bringen,
alles ist uns egal.
Doch plötzlich stockt dein Lachen
du stehst auf und rennst fort
und auf einmal ist der Spaß vorbei.

Was ist nur passiert, dass dir das Lachen gefriert,
was habe ich falsch gemacht?
Welches Wort war zuviel, was hat dich so berührt,
was hat dich aus der Fassung gebracht?
Ich bin peinlich berührt und kann nicht begreifen,
was habe ich da ausgelöst?

Aus Rücksicht auf andere quälst du dich lieber selbst
und nimmst dich zurück.
Leider merkst du nicht,
dass du die Selbstzerstörung wählst,
aus Achtung vor andrer Leute Glück.
Meinst du nicht, dass der Preis,
den du dafür bezahlst,
viel zu hoch für dich ist?

Lass doch nicht zu, dass man dich so verletzen kann
und wenn dir etwas nicht passt, dann sag es klar.
Sage nicht Ja, wenn du ein Nein für richtig hältst,
stecke deine Grenzen ab.

Lebensspuren

Risse, Furchen,
moosbewachsen, verwittert
Ist dieser Fels nicht ein Sinnbild
für das Leben?

Wir tragen Spuren des Lebens
an und in uns.
Das macht uns aus,
das macht uns wertvoll,
das macht uns einzigartig!

Gefangen in mir selbst

Allein!
Gefangen in mir selbst.
Bin ich das noch?
Bin ich überhaupt noch?

Hilfe!

Hört mich denn niemand?
Ich versuche zu schreien,
doch meine Worte drücken nicht aus
was ich fühle.
Statt um Hilfe zu bitten
verletze ich mit meinen Worten.

Es ist als sei eine Tür zugeschlagen,
eine Tür zwischen mir und meiner Umwelt.

Allein!
Gefangen in mir selbst.
Bin ich das noch?
Bin ich überhaupt noch?

War ich nicht eben noch mittendrin im Leben?
Wurde ich nicht gebraucht
und schien es nicht so als würde ohne mich
nichts laufen?
Suchten nicht andere meine Nähe
und ich die ihre?

Doch plötzlich kann ich diese Nähe
nicht mehr ertragen.
Selbst die Nähe meiner Angehörigen
will mich erdrücken.
Ich möchte raus hier,
weit weit weg.

Allein!
Gefangen in mir selbst.
Bin ich das noch?
Bin ich überhaupt noch?

Ich habe all meine Kraft zum Leben verloren.
Ich sehe in meinem Dasein keinen Sinn mehr.

Wo ist die Kraftquelle,
die mich gestern noch trug?

Wo ist der Glaube,
der mir gestern noch Mut zum Leben gab?

Es ist als sei eine Tür zugeschlagen,
die Tür zwischen mir und dem Leben.

Vergittert und gefangen

Manchmal
ist unser Blick
wie vergittert.

Manchmal
sind wir gefangen
in unseren Gedanken.

Manchmal ist da jemand,
der uns die Augen öffnet.

Manchmal ist da jemand
der uns den Weg weist.

Ich lebe

Ich wurde geboren,
ungefragt.
Von Anfang an
Kampf ums nackte Überleben.
Warum wurde ich überhaupt geboren?
Das fragte ich mich oft.

Fühlte mich ungeliebt.
Fühlte mich nutzlos.
Fühlte mich wertlos.
Fühlte mich hässlich.

Dann lernte ich mich kennen,
sah, wie ich wirklich bin,
erkannte den wertvollen Menschen in mir.

Das gab mir Kraft.
Das veränderte mein Leben.
Das veränderte mein Aussehen.

Ich entschied mich für das Leben.

Es ist nicht immer einfach.
Es ist manchmal auch Kampf.
Manchmal fehlt mir die Kraft.

Aber ich lebe, weil ich es so will.

Ein kleines Stück Weg

Wir sind uns begegnet!
Irgendwie, irgendwo, irgendwann.
Wir gingen eine gewisse Zeit
auf dem gleichen Weg.

Nach und nach lernten wir uns näher kennen.
Wir teilten Freude und Leid miteinander.
Wir stärkten uns gegenseitig.
Halfen uns gegenseitig wieder auf die Beine,
wenn wir gefallen waren.
Doch eines Tages
kamen wir an eine Wegkreuzung.
Unsere Wege trennten sich.
So gingen wir weiter, jeder seinen Weg.

Dann sind wir jemandem begegnet!
Irgendwie, irgendwo, irgendwann.
Wir gingen eine gewisse Zeit
auf dem gleichen Weg...

Momentaufnahme

Wenn mein Hilfeschrei
zum Rundumschlag wird,
wenn meine Worte verletzen
statt um Hilfe zu rufen...
...fühlt sich meine Einsamkeit
noch einsamer an.

Was ist nur los,
warum ist es so schwer?
Fühle mich zerissen,
fühle mich so leer.
Ich finde keine Worte,
die die Gefühle
beschreiben könnten,
die ich selbst nicht verstehe.

Worte

Meine Worte sagen nicht
was ich sagen möchte.
Ich möchte nicht verletzen,
suche die passenden Worte.
Kaum aber haben diese Worte
meine Lippen verlassen,
spüre ich die Verletzung,
die sie ausgelöst haben.

Warum sind meine und deine Worte
nicht kompatibel zueinander?
Mit welchen Worten könnte ich ausdrücken
was ich wirklich sagen möchte?

Klare Worte...
Ehrliche Worte...
Heilende Worte...
Verstehende Worte...
Tröstende Worte...

Ich wünsche mir sehnlichst die Worte,
die meine Gefühle und Gedanken so
zum Ausdruck bringen,
dass jeder sie verstehen kann,
ohne dass ich sie mühsam
erklären muss.
Ob es solche Worte gibt?

Mörderzaun

Im Dezember 1983 besuchte ich mit einer Gruppe
die Grenzanlagen zur damaligen DDR
im Bereich Kassel/Göttingen.

*Das, was ich dort sah, berührte mich so tief,
dass spontan die folgenden Zeilen entstanden:*

Wir standen dort am Eisenzaun,
wir wollten nur mal rüberschaun,
wir wollten unsere Brüder sehn,
wir sahen aber keinen stehn.

Wir sah`n nur einen Turm aus Stahl
und Beton, ganz grau und fahl.
Oben saßen Männer drin,
grad so alt wie ich es bin.

Mörderzaun, o Mörderzaun,
wie grausam ist`s dich anzuschaun,
wie viel Blut ist hier geflossen,
wie viele hast du schon erschossen.

Mörderzaun, o Mörderzaun,
wie grausam ist`s dich anzuschaun,
wie lange bleibst du hier noch stehn,
wie lange müssen wir dich noch sehn?

Dann bleiben wir vor einem Holzkreuz stehn,
hier wollte einer in die Freiheit gehn,
doch nur bis hier her ist er gekommen,
dann haben sie ihn „aufs Korn genommen".

Er starb als Symbol, er starb als Zeichen:
Für`s System geht man über Leichen.
Ich frage mich was muss noch geschehn,
bis auch hier die Schranken hoch gehn.

Mörderzaun, o Mörderzaun,
wie grausam ist`s dich anzuschaun,
wie viel Blut ist hier geflossen,
wie viele hast du schon erschossen.
Mörderzaun, o Mörderzaun,
wie grausam ist`s dich anzuschaun,
wie lange bleibst du hier noch stehn,
wie lange müssen wir dich noch sehn?

Ein Jahr vor der sogenannten „Wende" habe ich dieses Lied zum „Fest der Begegnung" in Bad Wildungen der Öffentlichkeit vorgestellt. Damals versprach ich: „Wenn eines Tages die Grenzen fallen, schreibe ich eine dritte Strophe". Ich ahnte zu dieser Zeit noch nicht, dass dieser Wunsch so schnell Wirklichkeit werden würde. Es sollte aber noch bis zum Jahr 1994 dauern bis die 3. Strophe geschrieben war.

Das alles ist schon eine Weile her,
den Mörderzaun gibt es nun nicht mehr.
Doch ganz heimlich, über Nacht,
hat sich ein neuer breit gemacht.

Tief in uns drin ist er verborgen.
Und der, der macht mir noch mehr Sorgen.
Denn er ist nicht gut zu fassen,
tut mir leid, da muss ich passen.

Mörderzaun, o Mörderzaun,
wie grausam wars dich anzuschaun.
Wie viel Leid hast du gebracht,
Was hast du nur aus uns gemacht.

Mörderzaun, o Mörderzaun
wie grausam wars dich anzuschaun.
Doch wie viel schlimmer ist der Zaun,
den wir in uns drin aufbaun.

Chaos in meinem Kopf

Da sitze ich nun
in Gedanken versunken.

Gedanken?
Ja!

Aber was denke ich eigentlich?

In mir ist ein Chaos.
Gedanken und Gefühle
wirbeln durcheinander.
Ich versuche sie zu begreifen.
Es will mir nicht gelingen.

Da sitze ich nun
in Gedanken versunken.
Fühle mich irgendwie leer,
obwohl ich so voll bin.

Unbekanntes Land

Hinter dem Tor,
wartet unbekanntes Land auf mich.

Nur ein kleiner Ausschnitt
leuchtet mir entgegen.
Was wird mich erwarten?

Wird es besser?
Wird es schlechter?
Bleibt alles beim Alten?

Gewohnte Pfade verlassen!
Möchte ich das?
Traue ich mich?

Ich zögere.
Meine Schritte,
sie werden langsamer.

Dann packt mich Neugier,
packt mich Mut.
Ich wage es, gehe weiter,
in ein neues unbekanntes Land.

Nicht Opfer sein

Wir können unser Umfeld
nicht verändern,
aber wir können lernen
damit umzugehen!

Was früher war
können wir nicht mehr ändern,
aber wir können
die Gegenwart gestalten!

Als Kinder
waren wir wehrlos,
und fanden Strategien
um uns zu schützen,
heute sind wir erwachsen
und die Strategien von damals
greifen nicht mehr.

Als Kinder
waren wir wehrlos
und schutzlos,
heute sind wir
in der Lage uns zu wehren,
uns selbst zu schützen.

Aus der Bahn geworfen

Nichts ist mehr so wie es war.
Der Weg war geplant, der Weg war klar.

Die Räder stehen still.
Weil es das Schicksal so will.

Dicht an der Schiene des Lebens.
War denn alles vergebens?

Kein Vorwärts, kein Zurück.
Verlassen hat mich mein Lebensglück.

Ich wünsche mir dass eine nur:
hilf mir zurück in die Lebensspur.

Schattengesicht

Schattengesicht,
ich suche deinen Blick,
suche deine Augen,
doch ich sehe sie nicht.

Ich frage mich, was dich bewegt,
was du gerade fühlst.

Tritt heraus aus dem Schatten!
Tritt ins Licht!
Ich komme dir entgegen,
fürchte dich nicht.

Spüre, wie das Licht
langsam deine Seele erfüllt.
Spüre, wie seine Wärme
dich mehr und mehr berührt.

Licht und Schatten

Licht und Schatten,
gehören zu meinem Leben.

Licht und Schatten,
das bin ich.

Wo Licht ist, ist auch Schatten,
wo Schatten ist, ist auch Licht.
Eines bedingt das andere,
ohne Schatten
würde ich verbrennen,
ohne Licht erfrieren.

Dankbar nehme ich beides an
und freue mich an diesen Gaben.

Spuren

Ganz egal, wo wir uns befinden,
egal, was wir tun,
egal, ob wir es selbst empfinden,
immer hinterlassen wir Spuren!

Manchmal folgen wir anderen Spuren,
manchmal folgen andere unseren Spuren.
Nicht immer ist uns das bewusst.

Unser ganzes Sein,
unser ganzes Leben,
ist nicht umsonst.

Es gibt immer Menschen, denen wir wichtig sind,
es gibt Menschen, die uns nachfolgen,
selbst wenn wir es nicht fühlen,
selbst wenn wir glauben wertlos zu sein.

Dunkle Wolken

Wenn dunkle Wolken aufziehen,
die Sonne nicht mehr sichtbar ist,
die Hoffnung schwindet,
denke dran:

Hinter den Wolken,
scheint die Sonne weiter!

Die Wolken
werden weiter ziehen
und sich auflösen,
die Sonne bleibt!

Sichtweise

Lässt dieser Baum
seine Äste hängen,
weil er mutlos ist,
weil er traurig ist,
weil ihn seine Kraft
verlassen hat?

Oder will dieser Baum
einfach nur Schutz bieten?
Immer eine Frage der Sichtweise.
Ich entscheide mich für Letzteres!

Die Lücke im Zaun

Ausgesperrt vom Leben, gefangen in mir selbst.
Ich fühle mich einsam,
wie hinter einem Zaun.
Ich sehe hinter dem Zaun
das Leben pulsieren.
Ich möchte gerne dorthin.
Aber der Zaun!

Plötzlich ist er da,
über Nacht,
ganz ohne Vorwarnung,
bedrohlich steht er da!
Schließt mich ein,
schließt mich aus!
Der Zaun!

Alle Dinge die mir wichtig sind,
alles was ich liebe,
alles was meinem Leben einen Sinn gibt,
liegt hinter diesem Zaun.
Ich bin wie abgeschnitten,
getrennt von allem was mir wichtig ist.
Durch diesen Zaun!
Ich sehe einen Spalt,
unscheinbar und schmal.
Ein Licht strahlt hindurch.
Wärme und Geborgenheit strahlen mir entgegen.
Laden mich ein.
Hinter den Zaun!

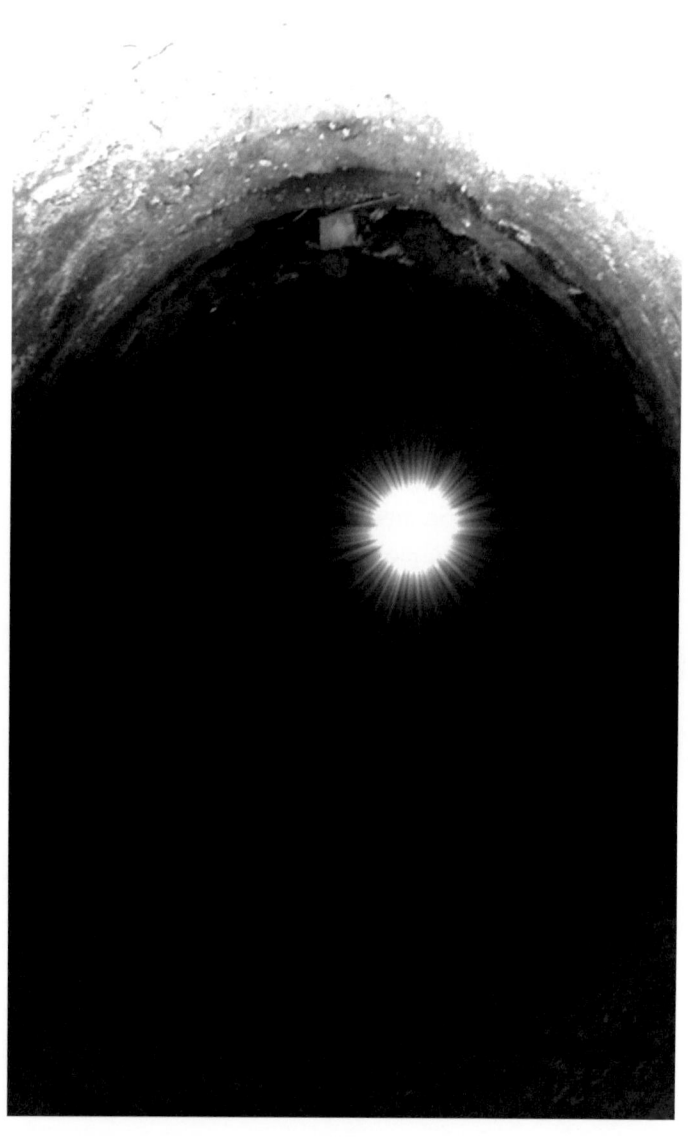

Am Ende des Tunnels

Licht am Ende des Tunnels,
schwach und klein.

Stehe am Eingang,
fühle mich allein.

Kann den Weg nicht sehn,
traue mich nicht zu gehn.

Doch mein ganzer Sinn,
zieht zu diesem Licht mich hin.

Die Treppe

Ich stehe vor der ersten Stufe einer Treppe.
Die Treppe ist steil.
Das Ende der Treppe ist meinen Blicken verborgen.
Da muss ich hochgehen.
Es gibt keinen anderen Weg.
Wohin die Treppe wohl führen mag?
Was wird mir am Ende der Treppe begegnen?

Wie erstarrt stehe ich da.
Angst erfasst mich.
Das Ziel scheint unerreichbar.
Muss ich da wirklich hoch gehen?
Gibt es keinen anderen Weg?
Ich bin verzagt.
Ich glaube, ich schaffe das nicht.
Früher ging ich meinen Weg mutig voran.
Keine Treppe war zu steil.
Auch wenn das Ziel nicht im Blickfeld war,
ich ging die Treppe hoch.
Es gab keinen anderen Weg.
Doch ich war hoffnungsvoll.
Ich war sicher das Ziel zu erreichen.

Was hält mich heute ab diesen Weg zu gehen?
Warum ist mir die Treppe plötzlich zu steil?
Warum ist das Ziel meinen Blicken verborgen?
Ich muss doch da hochgehen!
Es gibt keinen anderen Weg.

Wo ist meine Hoffnung?
Wo ist meine Kraft, wo mein Mut?

Kannst du ein paar Schritte mit mir gehen?
Die Treppe ist steil.
Ich kann das Ziel noch immer nicht sehen.
Ich möchte da hochgehen.
Es gibt keinen anderen Weg.
Du machst mir Mut.
Du gibst mir die Hoffnung,
das Ziel zu erreichen.

Ich gehe weiter

Dunkelheit, fahles Licht auf meinem Weg!
Wohin wird der Weg mich führen?
Was wird mich am Ende erwarten?
Weit kann ich nicht sehen.
Schatten begleiten meinen Weg.
Doch ich gehe weiter!
Schritt für Schritt.

Manchmal forsch und mutig,
manchmal zaghaft und ängstlich.
Ab und zu stolpere ich.
Manchmal falle ich auch.
Dann stehe ich wieder auf.
Ab und zu reicht mir jemand die Hand
und das Aufstehen fällt mir leichter.
Ich gehe weiter!
Schritt für Schritt.

Werde ich mein Ziel erreichen?
Ich weiß es nicht.
Doch ich gehe weiter!
Schritt für Schritt.

Nebelwand

Die Sonne scheint,
doch ich sehe sie nicht.
Eine dichte Nebelwand
versperrt mir die Sicht.

Wohin sind
die bunten Farben verschwunden,
die ich noch sah
vor wenigen Stunden?
Gerade noch Lebensfreude,
Lebenslust.
Plötzlich Traurigkeit
und großer Frust.

Mein Freund, ich bitte dich,
nimm mich an die Hand
und hilf mir zu durchdringen,
diese Nebelwand.

Trotziger Apfel

Trotzig und pausbäckig, einsam und klein
hängt er da,
klammert sich mit ganzer Kraft,
trotzend seinem Schicksal.

Nebelschwaden hängen
schwer in der Luft,
Kälte umklammert ihn
aber er hängt weiter da
an seinem Ast.

Rotbäckig lächelt er mich an.
Die Natur um ihn herum
stirbt den Wintertod.
Die Blätter in seiner Nachbarschaft
hängen schlaff herunter.
Doch er hält sich tapfer
an seinem Ast,
macht keine Anstalten loszulassen.

Ich möchte sein wie dieser Apfel:
Mutig, trotzig, nicht aufgeben, dranbleiben.

Die alte Jacke

Achtlos hingeworfen,
ausgedient,
liegt sie am Boden.
Schmutzig,
zerrissen,
nicht mehr zu gebrauchen.

Was mag diese Jacke hinter sich haben?
Was hat sie erlebt?
Durch wie viel Höhen und Tiefen
hat sie ihren ehemaligen Besitzer begleitet?
Schützte ihn vor Wind und Wetter.

Nun liegt sie da,
unbeachtet am Boden.
Niemand interessiert sich für sie.

Manchmal fühle ich mich wie diese Jacke.
Ausgesondert, nicht mehr zu gebrauchen.
Niemand interessiert sich mehr für mich.

Doch dann begegnen mir Menschen,
die nicht achtlos an mir vorbeigehen,
denen ich etwas wert bin,
die mir sagen:
Du bist wichtig!
Das richtet mich wieder auf,
lässt mich das Leben wieder spüren.

Schlaflos

Von Dunkelheit umgeben liege ich wach,
kann wieder nicht schlafen, zu vieles geht mir nach.
Obwohl ich Ruhe suchte an diesem Ort,
kreisen meine Gedanken in einem fort.

Wie ein Flüstern, das in meinen Ohren klingt,
stetes Murmeln, das mich aus der Ruhe bringt,
wie das Stimmengewirr bei einem Straßenfest,
ein dumpfes Raunen, das mich erschaudern lässt.

So vieles habe ich heute noch nicht geschafft,
denn ich hatte mich ganz einfach nicht aufgerafft.
Nun steht das alles wie ein Vorwurf im Raum
und verfolgt mich sogar noch bis in meinem Traum.
Wie ein Flüstern, das in meinen Ohren klingt,
stetes Murmeln, das mich aus der Ruhe bringt,
wie das Stimmengewirr bei einem Straßenfest,
ein dumpfes Raunen, das mich erschaudern lässt.

Ich wälze mich im Bett ständig hin und her,
endlich schlafen können wünsche ich mir so sehr.
Für das Flüstern und Raunen in meinem Kopf,
gibt es zum Abstellen leider kein Knopf.

Wie ein Flüstern, das in meinen Ohren klingt,
stetes Murmeln, das mich aus der Ruhe bringt,
wie das Stimmengewirr bei einem Straßenfest,
ein dumpfes Raunen, das mich erschaudern lässt.

Abendstille

Der Tag neigt sich dem Ende zu,
ich gönne mir ein wenig Ruh.
Genieße die Stille um mich her,
Seele was willst du mehr.

Hoffnungsschimmer

Dunkelheit umgibt mich.
Ich kann nicht erkennen wo ich stehe,
sehe meinen Weg nicht mehr.

Wohin soll ich gehen?
Wo finde ich Halt?
Ist alles verloren?

Da, in der Ferne, ein kleiner Schimmer!
Ein zartes Licht leuchtet mir entgegen.
Klein, fast unscheinbar, leuchtet es mir entgegen.
Ich habe wieder einen Punkt
an dem ich mich orientieren kann.
Ich schöpfe Hoffnung!

Ich setze meinen Weg tapfer fort.
Immer nach vorne blickend,
geradewegs auf das Licht zu.
Und ich spüre meine Angst schwinden.

Am Ende des Tages

Abendrot leuchtet am Horizont,
färbt den Himmel in schillernde Farben.
Der Tag neigt sich dem Ende zu.

Dämmerung steigt wie Nebel auf,
hüllt die Welt in graue Schleier.
Der Tag neigt sich dem Ende zu.

Stille breitet sich aus,
nur der Vogelsang wird lauter.
Der Tag neigt sich dem Ende zu.

Nun ist es dunkel,
nun ist es Nacht,
vollendet ist der Tag.

Über den Autor

Jörn Schimmelmann wurde als viertes von fünf Kindern in Bad Wildungen geboren, ist verheiratet und hat vier erwachsene Kinder. Er besuchte die Hauptschule, machte eine Ausbildung zum Elektroinstallateur und arbeitete, nach seinem Grundwehrdienst 25 Jahre als Küster an der Evangelischen Stadtkirche in Bad Wildungen.
Zum Schreiben kam er in den 1990er Jahren.
Er schrieb damals Lieder, mittels denen er seine traumatische Vergangenheit aufarbeitete. Mit diesen Liedern tourte er als Liedermacher. Die Liedermacherei stellt noch heute den Schwerpunkt seiner kreativen Tätigkeiten dar.
Im Jahr 2010 erkrankte er an einer Depression (Spätfolgen seiner traumatischen Kindheit) und lebt seither von einer Erwerbsminderungsrente.
Durch die neu gewonnene Zeit ermöglicht, nahm er das Schreiben wieder auf und begann Gedichte zu schreiben,. Erste Liedtexte folgten und 2015 kamen Kurzgeschichten hinzu.
Mittlerweile ist das Schreiben zu seiner zweiten Leidenschaft geworden und nach der Aufarbeitung der Vergangenheit, schreibt er lebensbejahende, hoffnungsvolle Texte und Geschichten, die oft die Seele der Leserschaft direkt ansprechen. Er schreibt sozusagen von Seele zu Seele.